U0509644

典
藏
1921

出 版 说 明

　　百年前的中国，新思潮的波澜不断涌现，中国学术也随着社会变革发生根本转向。在今天看来，百年前出版的某些图书不仅因其本身内容的重要性具有重要的学术价值，而且其文本本身也具有重要的文献和收藏价值。

　　为此，本社策划出版"百年典藏"书系，延请资深学者逐年精选百年前具有重要影响力和代表性的人文社科类初版著作若干种，按原貌影印，陆续推出，让读者以特殊的方式直面百年前的过往，"通过感性直观敞亮地面对历史本真"。本社曾策划出版皇皇 500 册的《民国丛书》，对 20 世纪上半叶重要的人文社会科学著述进行了全景式呈现，"百年典藏"书系从某种意义上说是这一思路的延续，力图为读者回望百年开辟一条更加便捷的通道。

　　希望我们的努力能得到广大读者的认可，也期待能得到社会各界的支持，帮助我们把这套书系编得更好。

上海书店出版社

2020 年 12 月

目 录

重建历史的在场性：《典藏》的价值　　～ 02

1921：新文化运动修成正果　　～ 06

东西方文化论战的三颗硕果　　～ 18

白话文落地生根的实录　　～ 40

太平洋会议：中国国民外交的先声　　～ 49

重建历史的在场性：《典藏》的价值

场论，物理学中把某个物理量在空间的一个区域内的分布称为场，如温度场、密度场、引力场、电场、磁场等。社会科学的场论就是重现行为发生的场或具体情景。

库尔特·勒温

德裔美国心理学家，拓扑心理学的创始人库尔特·勒温（Kurt Lewin 1890–1947），利用现代物理学中"场"的理论和概念于社会心理学，提出了生活空间、行为与移动、力与力场、紧张与张力系统等等一系列独特的心理学的概念。场，首先是生活空间，包括在一定时间决定个体行为和心理活动的所有事实，这是人及其环境相互依存的各种因素的集合；人在生活空间中的移动，是对某个目标的接近或避拒，而力则代表变化的方向和倾向，任何生活空间或"场"都存在相反的力。两个或更多的正力对不同的目标，或正力与负力对同一个目标区，其结果，就会出现一种紧张状态，紧张或称张力的释放，就会为心理活动和行为提供动力和能量，进而决定人的心理活动和行为表现。

勒温界定了生活空间中的三种事实：准物理的、准社会的和准概念的事实。之所以加上一个"准"字，是因为生活空间虽然可以包容物理的、社会的和概念的三方面的事实和因素，但都必须以对行为主体实际发生影响者为限。生活空间以对人的行为发生实际影响者为存在标准，将主体与客体融合为一个共同的整体，其中任何一部分的变化都会引起其他部分的变化。

历史过程通常是指人们以往的各种活动，一经成为历史，就意味着这些活动已经是过去时，已经无法再现，更无法复制。历史学研究，在一定意义上可以说，就是要利用有限的可能是许多片段的资料，去重建、重现历史的"场"，让自己和人们一道通过"在场性"的体验，去了解当时的社会与个人的实际。"在场性"，就是直接面对呈现在面前的事物本身，获得具有直接性、无遮蔽性和敞开性的感性直观的经验，而进入自由之境。

上海书店出版社决定编辑出版一套"典藏"，选择一百年前若干出版物，原汁原味组装在一起，逐年印行。今年这部《典藏1921》是第一次尝试。我觉得这是一个非常有创意的策划，它将会带领读者在不知不觉中进入一个世纪前的生活空间，直接面对当时的原初场景。先前上海书店出版社所出版的大型《民国丛书》，将民国时期出版的图书按照原样影印编辑，可以说，已经为重建、重现民国时期人文社会科学著述历史的"场"提供了基本材料，但无论是按照年代，或是按照学科门类，还是按照人物、思潮、学派，去体验历史的"在场性"，都需要利用这些基本材料进行再加工。现在，上海书店出版社策划按照时间顺序，逐年精选最具影响力和代表性的若干部著作编辑出版，就是希望为人们直接体验这种历史的"在场性"开辟一条更加便捷的通道。

《民国丛书》（部分）

　　现在人们所接触到的那时出版的著作，绝大多数都经由今人重新进行过一番整理，原先的直排改成了现在的横排，封面、封底、扉页和版式设计，大多面目全非，许多文字、概念、用语，甚至标点符号用法，也经常被轻易改换，这些著作本来面目所包含的大量信息就此被遮蔽。"在场"的唯一路径是介入，与历史的原初场景直接面对面进行接触，由此而进入历史的内部。《典藏》除去纪念意义、收藏价值外，就学术史而言，它最突出的功能就是能够"去蔽"，通过感性直观敞亮地面对历史本真。所以，我非常赞赏这一动议，并愿意协助做一点敲敲边鼓的事情。

1921：新文化运动修成正果

1921 年，我界定为新文化运动修成正果之年。

为什么作了这样一个界定？

新年伊始，1921 年 1 月 1 日出版的《新青年》第 8 卷第 5 号上就发表了一篇李达所撰写的《马克思还原》，说明了马克思科学社会主义的基本要义，明确指出："马克思社会主义是科学的"，"是革命的"，而"一，唯物史观；二，资本集中说；三，资本主义崩坏说；四，剩余价值说；五，阶级斗争说"这五项，则是马克思社会主

李达

义的理论基础。新年打响的这第一炮，标志着新文化运动已经修成它最重要的成果，这就是马克思学说在中国的传播和中国共产党的创立。

中国共产党的创建工作始于1920年。上海渔阳里2号，是原安徽都督柏文蔚在上海的一所私宅。陈独秀1920年4月从北京辗转来到上海，就居住在这里。

《马克思还原》

中国共产党上海发起组成立地暨《新青年》编辑部旧址，老渔阳里2号

陈独秀

维经斯基　　　　　　　陈望道

恽代英　　　　　　　李汉俊

　　5月，在这里，他接待了俄共远东局代表维经斯基，专门讨论建立中国共产党问题。同月，他在这里成立了马克思主义研究会，组织陈望道翻译《共产党宣言》、恽代英翻译考茨基的《阶级斗争》、李汉俊翻译《马克思资本论入门》（当时书名作《马格斯资本论入门》），作为建党的理论准备。6月起，他在这里和李达、李汉俊、陈望道、俞秀松、杨明斋、沈玄庐、沈雁冰等人多次会议，讨论建立中国共产党问题。

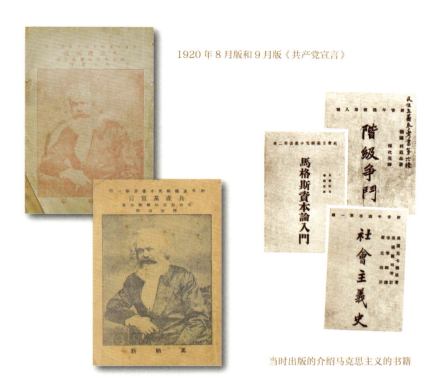

1920 年 8 月版和 9 月版《共产党宣言》

当时出版的介绍马克思主义的书籍

毛泽东来到上海，也是在这里会见了陈独秀。随后，于 8 月成立了中国共产党。据中共中央文献研究室《毛泽东年谱》（62 页）：8 月，"上海'中国共产党'成立。该组织拟定一个具体的党纲党章内容的文件，并推选陈独秀为书记，函约各地社会主义分子组织支部。"2016 年出版的中共中央党史研究室著《中国共产党的九十年》（28、27 页）确认"上海的组织一开始就叫中国共产党，北京的组织则称为中国共产党北京支部"。上海渔阳里 2 号成为各地共产主义者进行建党活动的联络中心。陈独秀本人亲自联络和推动或派人帮助北京、武汉、长沙、济南、广州及留法、留日成员等地建立党的组织。并于8月20日建立中国社会主义青年团。

陈独秀将《新青年》自8卷1号（9月出版）起改组为党所领导的机关刊物，让李达、李汉俊、陈望道加入《新青年》编辑部。11月，创办《共产党》月刊，作为党的喉舌。1920年底，陈独秀应陈炯明之邀，南下广州办教育。他给北京同

1920年9月出版的《新青年》第8卷第1号

《共产党》创刊号

中国共产党第一次全国代表大会会址外景

仁写了封信，交代陈望道将接任主编《新青年》。根据陈独秀的建议，1921 年伊始，开始积极筹备召开中国共产党第一次全国代表大会。1921 年 7 月中国共产党第一次全国代表大会的召开，成为毛泽东所说的"开天辟地的大事件"。

值得注意的是，正在组建中国共产党的年轻的中国马克思主义者以《新青年》和《共产党》这两份刊物为中心，开始密切关注中国工人的生存状况和中国的农民问题。1920 年 5 月，

《新青年》专门出版一期"劳动节纪念号"，发表了一组有关中国社会劳动状况的调查报告，涉及南京、唐山、山西、江苏、长沙、北京、上海、天津等中国工人集中的各个地区。这些调查报告，重点反映中国社会劳动阶层的工作和生活状况以及阶级地位。

8月，中国共产党人委托江南造船厂工人发起组织上海机器工会，11月正式成立。1921年

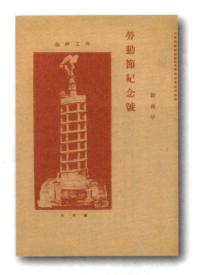

1920年5月出版的
《新青年》"劳动节纪念号"
（第7卷第6号）

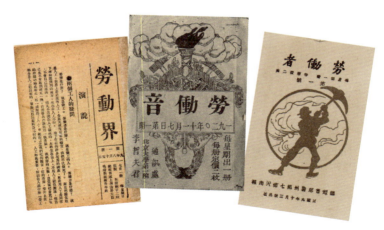

上海、北京、广州等地的共产党组织出版的
供工人阅读的通俗读物《劳动界》《劳动音》及《劳动者》

上海机器工会临时会所旧址（位于黄浦区自忠路）

《告中国的农民》（上一页被当时法租界巡捕房没收，故缺）

4 月，《共产党》月刊发表了《告中国的农民》，号召农民组织起来，依靠自己的力量，争取翻身解放。9 月 27 日，在浙江省萧山县衙前创建了中国共产党所领导的第一个农民协会，两三个月内，农民协会发展到萧山、绍兴两县的八十多个村庄，农协领导农民进行抗税减租斗争。传播马克思主义和发动工人运动、农民运动开始结合起来，成为新文化运动在中国共产党人努力下修成正果的又一重要标志。

从 1920 年 9 月开始的关于中国要不要选择社会主义以及应当选择什么样的社会主义的争论，1921 年仍在继续。研究系大将张东荪从 1920 年 9 月起多次发表文章，称救中国只有一条路，就是开发实业，增加富力；其方法之最能速成者，莫若资本主义。随后，梁启超撰文支持。他们认为，中国经济落后，大多数人民无知识，绝对不能建立劳动阶级的国家，也不能建立共产党，必须依靠"绅商阶级"来发展资本主义。1920 年 12 月陈独秀在《社会主义批评——在广州

《社会主义批评——在广州公立法政学校演讲》

陈独秀将同梁启超、张东荪等进行论战的文章汇编成《社会主义讨论集》（新青年社出版）

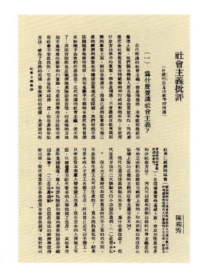

李大钊

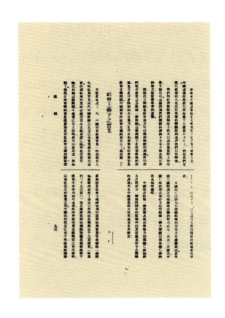

《社会主义下之实业》

公立法政学校演讲》中明确指出，要"使中国人'都'得着人的生活，非废除资本主义生产制采用社会主义生产制不可"，"此时我们中国不但有讲社会主义的可能，而且有急于讲社会主义的必要。"（《广东群报》1921年1月19日）。李大钊也指出，今日在中国想发展实业，非由纯粹生产者组织政府、依社会主义的组织经营实业不可，"中国实业之振兴，必在社会主义之实行。"（李大钊：《社会主义下之实业》，《曙光》第2卷第2号，1921年3月）。

在这同时，中国共产党人还同当时非常流行的无政府主义者进行了激烈的论争。无政府主义者鼓吹个人绝对自由和无政府状态，反对一切国家和暴力革命，反对马克思主义的无产阶级专政理论。陈独秀在《新青年》第8卷第4号发表的《关于社会主义的讨论》长文，围绕着革命的形式、国家的本质以及无产阶级专政的必要性等问题，逐一反驳无政府主义的论点。李达、李大钊和其他共产党人在《新青年》和《先驱》《青年周刊》《觉悟》等报刊也纷纷发表文章，批判无政府主义。

陈独秀在《新青年》第9卷第4号上开辟"讨论无政府主义"专栏

蔡和森

《关于社会主义的讨论》

　　这些论战将新文化运动引进一个全新的方向。蔡和森认为《新青年》前期的民主与科学口号，"完全是代表美国的精神"，"但是到了仲甫同志倾向社会主义以后，就由美国思想变为俄国的思想了，宣传社会主义了"（《蔡和森文集》（下），人民出版社，2013年，第792页）。

　　但是，新文化运动所修成的这些正果，集中反映在《新青年》《共产党》这些刊物中，而这些刊物都早就影印出版，《典藏》选录的都是那一年出版的书籍，这些代表时代潮流的文献，便只能割爱了。而要深入和准确地了解1921年的中国思想界、学术界、文化界，却不能不首先深刻认识新文化运动所修成的这一正果。

东西方文化论战的三颗硕果

东西方文化论战，贯穿新文化运动始终，是新文化运动不可或缺的重要组成部分。1921年，新文化运动修成的又一正果，就是在这一年，人们收获了对东西文化重新进行审视的三颗硕果，三部代表性甚至可以称作经典性的著作。这就是这部《典藏1921》所收录的《欧洲文艺复兴史》《清代学术概论》和《东西文化及其哲学》。

为什么说这三部著作是新文化运动特别是东西方文化论战的三颗硕果？这里，对这三部作品做一个简要的介绍和评价。

蒋方震

《欧洲文艺复兴史》

第一颗硕果是蒋方震的《欧洲文艺复兴史》。

蒋方震，字百里，以军事家著称。1905 年，从日本陆军士官学校步科毕业。1906 年，为东北新军督练公所总参议，筹建新军。旋被公派德国研习军事。1910 年，返回北京，为京都禁卫军管带。1911 年初，回东北新军督练公所担任原职。武昌起义后，任浙江都督府总参议、陆军部高等顾问、袁世凯总统府一等军事参议。1912 年年底，任保定陆军军官学校校长。1916 年因反对袁世凯称帝，入川辅佐蔡锷讨袁。1917 年任黎元洪总统府顾问，撰写军事论著《孙子新释》《军事常识》等。1925年后，曾经程度不等地辅佐过吴佩孚、孙传芳、唐生智、蒋介石，1935年，被聘为军事委员会高级顾问。1938 年 10 月出任陆军大学代理校长。

在同时代军人中，蒋方震可能又是一位最具文人或学者气质者。1901 年，他东渡日本留学。1903 年 2 月，参与创办《浙江潮》，发表《国魂篇》《民族主义论》等长篇论文，期间结识梁启超，执弟子礼。1918 年至 1919 年，随梁启超赴欧洲考察，归国后主持"读书俱乐部""共学社"等团体，成为新文化运动自具特色的一翼。1920 年 9 月，梁启超与蔡元培、汪大燮等人发起成立讲学社，蒋方震出任讲学社总干

《浙江潮》

《浙江潮》发刊词

郑振铎

《改造》

事，负责接待英国哲学家罗素、印度诗人泰戈尔来华讲学，并担任研究系最有影响的刊物《改造》杂志的主编。1921年，他与郑振铎、茅盾等人发起成立文学研究会。1923年，还与胡适等人一起创办新月社。所以，对于如火如荼的新文化运动以及其中各派的观点，他有相当敏锐和深度的了解。他所撰写的这部《欧洲文艺复兴史》，正是试图对新文化运动中常常争论不休的一些重大问题做出回答。

这部《欧洲文艺复兴史》的撰写，直接缘于蒋方震和梁启超等人结伴欧游。1918 年 11 月梁启超决定以私人资格去欧洲做一次详细的考察，他争取到中国出席巴黎和会会外顾问的资格，由大总统徐世昌提供 6 万经费，又从朋友处募集了 4 万。陪同梁启超赴欧的，有蒋方震、张君劢、徐新六、丁文江等人。他们以巴黎为大本营，从 1918 年 12 月底到 1920 年 3 月，用一年多时间考察了英、法、德、比利时、意大利、荷兰、瑞士等主要欧洲国家，会见各国政治家、外交家、社会名流，拜访过柏格森、倭伊铿等著名学者。

第一次世界大战结束后欧洲社会经济萧条、物资匮乏、政治动荡的严峻现实，使梁启超深受刺激，撰成《欧游心影录》，记述了他在欧洲所见所闻以及他心路变迁的历程。他看到西方文化的进化论、功利主义、强权崇拜导致欧洲军国主义思潮泛滥；近代以来，科学在西方世界日渐昌明，创造

梁启超   张君劢

1919年梁任公（一排中）、蒋百里（一排左二）、丁文江（二排左二）等在法国参加巴黎和会时留影

《欧游心影录》

了丰富无比的物质财富，人们越来越相信科学，以为科学无所不能。科学取代了其他的一切思想、学说，尤其是哲学和宗教。世界大战的爆发，粉碎了这一"科学万能之梦"。梁启超写道："当时讴歌科学万能的人，满望着科学成功，黄金世界便指日出现，如今总算成功了，一百年物质的进步，比从前三千年所得还加几

倍，我们人类不惟没有得到幸福，反带来许多灾难。好像沙漠中失路的旅人，远远望见个大黑影，拼命往前赶，以为可以靠他向导，哪知赶上几程，影子却不见了，因此无限凄惶失望。影子是谁？就是这位科学先生。欧洲人做到一场科学万能的大梦，到如今却叫起科学破产来。"梁启超反过来重新观察中国文化，认为西方文明总把理想与实际分为两样，唯心唯物，各走极端，科学与宗教信仰也如同水火，而中国文化则"求理想与实用一致"，如孔子的"尽性赞化""自强不息"，老子的"各归其根"，墨子的"上同于天"，中国人的人生哲学是"出世法和现世法并行不悖"。他认为，中国文化的这种取向，有助于西方文明的自我调适。因此，他向中国青年一代大声疾呼："我们可爱的青年啊！立正！开步走！大海对岸那边有好几万万人，愁着物质文明破产，哀哀欲绝地喊救命，等着你来超拔他哩。我们在天的祖宗三大圣和许多前辈，眼巴巴盼望你完成他的事业，正在拿他的精神来加佑你哩。"

蒋方震在陪梁启超考察战后欧洲时，对西欧文艺复兴留下的成就产生了极大的兴趣。在法国，蒋方震、梁启超等请巴黎大学图书馆主任给他们讲述西欧文艺复兴史，蒋方震还做了笔记。梁启超说，他们一行欧游中，蒋方震常昌言于同伴："吾此行将求曙光。"他人时常戏问他："曙光已得乎？"

他总十分认真地回答："未也。"如是者数四。及将归，复有诘者，蒋方震一本正经地答道："得之矣。"至于所看到的究竟是什么曙光，他则未尝言明。

佛家有云："疑乃觉悟之机。小疑则小悟，大疑则大悟，不疑则不悟。"蒋方震是带着"大疑"而去，经过实地仔细考察和苦苦追寻、思考和研究，终获"大悟"。他所最为关注的问题，是欧洲这两三百年来突飞猛进的发展，文化的动力究竟是什么？他发现，不了解欧洲的文艺复兴历史，就不可能找到正确答案。在这一点上，他和梁启超旨趣很不一样。

回国以后，蒋方震就开始着手撰写《欧洲文艺复兴史》。他从欧洲带回一批相关书籍，又在国内努力搜集各种文字的有关资料。1920 年 7 月 2 日，他写信给梁启超说："文艺复兴已成一半，搜集材料甚苦，近得德文书数种，大有助，先生处有日文佛兰西文学史（玄黄社发行者已有），恳检数种寄下。"正是这种严谨的治学精神，使这一部著作具有很强的学术性。

《欧洲文艺复兴史》首为导言，第一章为总论，第二、三章为伊大利之文艺复兴（上、下），第四、五章为法国之文艺复兴（上、下），第六章为北欧之文艺复兴：弗兰特、日耳曼、英吉利，第七、八章为宗教改革（上、下），新教之流布及旧教之改良，第九章为结论：文艺复兴之结束。

蒋方震在该书《导言》中指出，欧洲的文艺复兴，是人类精神界的一声春雷，它直接产生了以下两大结果：一是人的发现，二是世界的发现。

所谓人的发现，就是人类自觉。在欧洲中世纪神权时代，人与世界之间，间之以神；而人与神之间，又间之以教会。文艺复兴，使人与世界直接交涉。宗教改革，使人与神直接进行交往。人，并非神之罪人，尤非教会之奴隶。人有耳目，不能绝聪明；人有头脑，不能绝思想；人有良心，不能绝判断。这就是以人文主义打破神权主义。蒋方震所看到的曙光，首先就是文艺复兴确立了人的中心地位，以人性代替了神性，以世间的财富、艺术，爱情、享受代替了禁欲主义，让人们相信人自身的创造力，而不再祈求神赐予力量。

所谓世界的发现，就是不再像中世纪教会那样以现世之快乐为魔，而能够直面自然世界，将大自然作为人所研究的对象。中古宗教教义，以地球为中心，凡有不同的见解，就斥为异端邪说。哥白尼的太阳系学说，哥伦布发现美洲大陆，这些世界之奇迹，启发人们的好奇心，使得旧教义之蔽智塞聪者，无以自存。

蒋方震认为，文艺复兴运动，意大利的但丁(1265–1321)为开山祖，而以英国的莎士比亚(1564–1616)集其大成，成为西洋文学的最高峰。文艺复兴，其根本精神实发生于个性之自由，其最高潮为法国大革命。

蒋方震同时指出，文艺复兴之弊，即为现世享乐物质，个人主义大盛，而怪僻、骄奢、残忍、阴险等恶德相随而来。

蒋方震特别强调指出，研究欧洲文艺复兴史对于中国说来，具有特殊的必要性。这是因为"以中国今日之地位言，则社会蝉蜕之情状实与当时欧洲有无数共同之点"。他认为，最明显的有两点，一是"新理性借复古之潮流，而方向日见其开展"，二是旧社会妨碍个性发展的组织日见瓦解，人们发扬独立之精神，实与欧洲文艺复兴声气相求。"察往以知来，视人以律己，则可知文化运动之来源有所自，而现状纷纭之不可见且不足悲也。"

蒋方震的著作于 1920 年 12 月初完稿后，请梁启超作序。梁启超欣然应允。蒋方震书中曾提到，清代汉学特别是经今文学的兴起和欧洲文艺复兴有相似之处，说"汉学以尊古相标榜，其末流则尊诸子于经传，而近世首发攻击旧学之矢者，实为导源于今文派。"这一论点激起梁启超极大兴趣，他就对蒋方震说："文艺复兴者，由复古得解放也。果尔，吾前清一代，亦庶类之。吾试言吾国之文艺复兴而校其所以不如人之故，可乎？"蒋方震当然无异议。梁启超即本此意动笔，下笔竟不能自休，十五天时间写成洋洋五六万字，篇幅几乎与蒋方震的著作相当。梁启超自称，天下固无此序体，不得已宣告独立，另成一书，这就是《清代学术概论》，只得另外写了一篇序言，说明蒋方震撰写此书原委，高度评价此书为"极有价值之作，述而有创作精神"。

1921 年，《欧洲文艺复兴史》由上海商务印书馆出版，成为我国人士所撰写的第一本系统介绍欧洲文艺复兴历史的专门著作。该书出版后，极受广大读者的欢迎，一年多时间就印了三次。著名学者张其昀在六十多年以后，仍称赞《欧洲文艺复兴史》"网罗宏富，条理详密，断制谨严，至今尚未见其比者，这是非常令人感激与深刻怀念的。"

东西方文化论战 1921 年的第二颗硕果，就是梁启超的这部《清代学术概论》。

《清代学术概论》

《清代学术概论》稿本

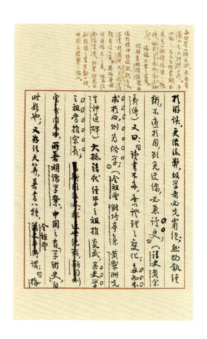

《前清一代中国思想界之蜕变》

《清代学术概论》原题为《前清一代中国思想界之蜕变》，完稿之后曾在《改造》杂志上连载，稍后交给商务印书馆出版单行本。

在此之前，论清代学术演变的著述已经不少。论嘉庆、道光之前学术者，有江藩的《国朝汉学师承记》八卷，以汉学为中心，勾勒清代经学师承，自阎若璩、

《汉学师承记》

胡渭开始，终于黄宗羲、顾炎武，共辑五十六家传记与学术思想，对汉学家中惠栋所代表的吴派，尤推崇备至。该书问世不久，方东树所撰《汉学商兑》，和江藩所著《汉学师承记》针锋相对，批评清代汉学家"其蔽益甚，其识益陋。其所挟惟取汉儒破碎穿凿谬说，扬其波而汩其流，抵掌攘袂，明目张胆，惟以诋宋儒、攻朱子为急务。要之，不知学之有统，道之有归，聊相与逞志快意以骛名而已"，极力维护程朱理学在意识形态中的统治地位。道光年间，又有唐鉴撰《国朝学案小识》十五卷，分列《传道学案》《翼道学案》《守道学案》《经学学案》《心宗学案》五个学案，共列清初至嘉庆间学者二百六十一人，各为之传，记其生平、学术渊源、

章太炎

学术思想、主要著作，每传后附以同学或从游者、问答者。全书宗奉朱子之学为正学，凡不宗奉朱子者即定为非正学，对传道、翼道、守道、穷经诸儒极力表彰，门户之见丝毫不加掩饰。

对清代学术作全面回顾与概括者，是章太炎《訄书》中的《清儒》一文。章太炎认为，清初顾炎武、阎若璩等人考订音韵、辨伪古书，奠定了清代学术的规模，但直到乾嘉时期形成的吴、皖

《訄书》

《清儒》一文

二派，清代学术才趋于成熟完善。吴派代表人物为惠栋，其学术特点是"好博而尊闻"。惠氏在其著作中广泛搜罗汉人经说，加以排比罗列，而很少发表己见。除六经外，还兼及史集，涉猎很广。惠栋的弟子有江声、余萧客等，著名学者王鸣盛、钱大昕也受其影响。皖派始于戴震，其学术特点是"综形名、任裁断"，实事求是，在训诂考证的基础上阐发自己的观点。戴震在乡里时，即有金榜、程瑶田、凌延堪等人与其论学，后执教于京师时，任大椿、卢文弨、孔广森皆从其问学。而弟子中最知名的有段玉裁、王念孙，二人的《说文》和《广雅》研究达到当时的最高水平。除去吴、皖二派外，《清儒》还对浙东学派万斯大、万斯同兄弟以及邵晋涵、全祖望、章学诚的史学，黄式三、黄以周父子的礼学，善治文辞而轻视经术的桐城派，以及常州今文学派作了分析和评价，认为常州今文学派宗《公羊春秋》、齐《诗》和伏生所传《今文尚书》，而以《公羊春秋》为主。他们立意奇特，文辞华丽，与朴学家质朴的学风迥然有异，而受到文士的欢迎。常州今文学始于与戴震同时的庄存与，后经刘逢禄、宋翔凤，至道光时魏源、龚自珍、邵懿辰，影响日广。章太炎评价经古文学家"不以经术明治乱，故短于风议，不以阴阳断人事，故长于求是"，故对经今文学家以经术明治乱、以阴阳断人事多所非议，但大体而言，他对清代学术发展历程的总览还是符合实际的。

《清代学术概论》其实并没有对清代所有这些学术流派作全面介绍与分析。他说："有清一代学术，可纪者不少，其卓然成一潮流，带有时代运动的色彩者，在前半期为'考证学'，在后半期为'今文学'……本篇所记述，以此两潮流为主，其他则附庸耳。"重点就在考证学与今文学这两大潮流如何形成与发展，所以，原定书名《前清一代中国思想界之蜕变》可能倒更为确切。

　　为和欧洲文艺复兴历史相呼应，梁启超对清代思想界的蜕变作了一个总的概括："综观二百余年之学史，其影响及于全思想界者，一言蔽之，曰'以复古为解放'。第一步，复宋之古，对于王学而得解放。第二步，复汉、唐之古，对于程、朱而得解放。第三步，复西汉之古，对于许、郑而得解放。第四步，复先秦之古，对于一切传注而得解放。"按照这一框架，《清代学术概论》将清代前半期考证学或考据学的发展，视为第一步与第二步之解放，而将经今文学的兴起视为第三步、第四步之解放。叙述前两步之解放，较多利用了前人研究成果，而叙述第三步、第四步之解放，特别是叙述康有为作为中心带领梁启超一道推动经今文学运动的历史时，则几乎全部为梁启超所独创。

　　由于将清代二百多年考证学与经今文学视为中国的文艺复兴，梁启超在叙述考证学与今文学的众多学人所取得的成就时，强调就是因为这些学人具有和欧洲文艺复兴时代学人同样的"科学的研究精神"，顾炎武以来许多学者所追求的经世致用，以及乾嘉汉学家经常提及的"实事求是"，都体现了这种精神。而在"校其所以不如人之故"时，梁启超则反复说明正是因为没有始终坚持这种科学的研究精神。

我以为，这一部著作最为可贵之处，就在于梁启超以科学的研究精神，对康有为和他本人所推动的经今文学运动的是非得失做了较为系统的叙述和有相当深度的检讨。我以为，他的这种自我批判精神，有力地提升了《清代学术概论》这部著作的学术价值。

康有为在晚清经今文学运动中的地位，梁启超给他的定位是"盖斯学之集成者，非其创作者也"。康有为严划经古今文分野，以为凡东汉晚出之古文经传，都是刘歆所伪造。于是正统派所尊崇所仰赖的学术依据，诸如许慎、郑玄等东汉古文学术，在康有为笔下皆成了伪史成了伪书。梁启超认为，由此，康有为将以复古求革新的文艺启蒙运动发挥到了极致，绕开东汉，回到西汉，既宗奉董仲舒张扬的《公羊》学，又从董仲舒的启示倡孔子改制，以为六经皆孔子所作，尧舜皆孔子依托，而先秦诸子亦无不以托古改制为基本手法。这是对乾嘉汉学正统派的颠覆，是对庄存与等常州学派以及廖平之学的张扬，一瞬间确实惊世骇俗，但正如梁启超所说，这一套学说，也未能摆脱"中国思想之痼疾"，即"好为依傍"与"名实混淆"。梁启超很直白地指出，这和康有为本人有密切关系："有为以好博好异之故，往往不惜抹杀证据或曲

康有为

解证据"，"有为之为人也，万事纯任主观，自信力极强，而持之极毅。其对于客观的事实，或竟蔑视，或必欲强之以从我"。尤其是欲仿效欧洲宗教改革，图谋在中国建立孔教，完全脱离中国实际。这完全违背了"凡立一义，必凭证据。无证据而以臆度者，在所必摈"的科学精神。梁启超回顾自己早年曾协助康有为撰写《新学伪经考》与《孔子改制考》，检讨自己"吾学病爱博，是用浅且芜，

《新学伪经考》

《孔子改制考》

尤病在无恒，有获旋失诸"，"有为太有成见，启超太无成见"，并明确宣布："启超自三十以后，已绝口不谈'伪经'，亦不甚谈'改制'。"屡起而驳康之建孔教、祀天配孔诸义。应当说，梁启超在这里所进行的自我批判和对乃师康有为的批判，方才是文艺复兴精神的真正体现。

东西方文化论战的第三颗硕果，是梁漱溟的《东西文化及其哲学》。

本书初版于 1921 年，后曾多次重版，并被译为英、法、日等十多种文字。一百年来，对这一部著作，肯定者，否定者，称许者，驳斥者，诠释者，引申者，过百盈千。所以，对于本书，无需多费口舌，加以介绍。

梁漱溟

《东西文化及其哲学》

《东方杂志》

《究元决疑论》

　　这里需要特别指出的一点，就是梁漱溟介入东西方文化论战时，知识基础和其他学人有着很大差异。1916 年他在《东方杂志》上发表了研究佛学的成果《究元决疑论》，引起蔡元培的注意，被聘为北京大学专讲印度哲学的特约讲师。所以，他对印度文化有较多心得。他又出身儒林世家，父亲梁济 1918 年殉清自尽，儒家文化传统极为强烈的影响力更深深震撼了梁漱溟。因此，他能够跳出东西方文化二元对立这一思维模式，通过西方、中国、印度这三大文明的比较，对这三种文化做出迥异于他人的新的解读。

梁漱溟以"东西方文化及其哲学"为题做了一个系列讲演。他看到，西方文化，中国文化，印度文化，其实形成于彼此非常不同的环境，有着彼此非常不同的人生路向，形成了非常不同的知识结构和价值追求。他认为，西洋生活是直觉运用理智的，人们单纯地认知到我在，他们所建立的是一个"小我"，是与物相对立的我；中国生活是理智运用直觉的，人们所建立的是"大我"，不是"分别我执"的我，而是"俱生我执"的我，不关注物之间的分别，追求的是人与物交融为一体；印度生活是理智运用现量的，是"我"与"物"的完全消弭。这三种不同的生活，决定了这三种文化不同的路向：西方文化"所走的是第一条路向——向前的路向"，即

1921 年冬末，梁漱溟、黄靖贤于北京崇文门外缨子胡同老宅内新婚后的留影

晚年梁漱溟

征服自然、改造环境的路向；"中国文化是以意欲自为调和、持中为其根本精神的。印度文化是以意欲反身向后要求为其根本精神的"。

梁漱溟对于西方文化、中国文化、印度文化的分析和概括，都具有明显的局限性、片面性，但是这些问题并不能掩盖他视野的开阔和观察的深刻。他所说的三种文化，实际上是三种文明，这些文明各有自己产生与生长的路径，各有自己的是非得失。他力主每一种文明都要善于吸取其他文明之所长，补自己文明之所短，但都不能丢掉自身的主体地位。这也许就是这部著作的真正价值之所在。

白话文落地生根的实录

　　白话文取代文言文，是新文化运动又一重要目标，是这一文化运动影响最为广泛也最为实际的部分。1921年，是白话文运动的丰收之年，它的标志性成果，就是《典藏1921》所选择的由朱麟公编定的《国语问题讨论集》，和郭沫若的诗集《女神》。《国语问题讨论集》收文47篇，文章的作者有周铭三、朱希祖、胡适、黎锦熙、蔡元培、劳泽人、洪北平、张士一、易作霖、陆基、陆费逵、王蕴山、陆殿扬、何仲英、吴研因等，比较完整地反映了白话文如何真正落地生根；《女神》则标志着白话诗已经正式登上素称诗词大国的中国诗坛。

胡适

　　胡适是白话文的积极提倡者，他说，白话文就是"我手写我口"。一旦付诸实践，严重的问题就产生了。中国幅员广阔，各地方日常所使用的方言彼此差异很大，仅汉语方言，就可分别为十种：官话、晋语、吴语、徽语、赣语、湘语、闽语、粤语、平话和客家话，使用官话的人口最多，但细分至少有东北官话、北京官话、冀鲁官话、胶辽官话、中原官话、兰银官话、西南官话和江淮官话八种，而在各地方言中，又有许多方言，除本地人外，属于同一方言系统的外地人也很难听懂，比如同是吴语的浙江温州话、苏州话，同是闽语的闽东语、闽南语、潮州话、雷州话等等。"我手写我口"，许多地方口音用通常的文字很难写出来，写出来以后除本地人以外别人也无法看懂。自从秦始皇实行"书同文"以来，书面语成为国家统一语言、统一文化的重要载体，这些书面语都有确定的标准读音，不能随便更易，现在，如果人人都像胡适所说的那样"我手写我口"，都按照人们日常所使用的方言书写，国家的统一语言乃至统一文化就完全可能因此而瓦解。从更深的层次去分析，"我手写我口"，是要将以象形文字为本位的汉语改变为"去汉字化"的西方语言的声音中心主义，和清末以来一些学者所发动的汉字"拉丁化"运动有同气相求、同声相应之效。这是不了解汉语言文字自身发展的特点与规律的表现，在实践中也根本行不通。

白话文运动的真正价值，是结束文言文在书面语中的统治地位，让人们通行的口语经过规范化的提升进入书面语，进而取代已经脱离实际的文言文，而它的前提，则是确认汉语统一的文字，汉字统一的读音，并在此基础上，将这些成果转化为学校教育的教材，转化为学校教育的实践，以使替代了文言文而成为新的标准书面语的白话文得到普及。朱麟公将 1920、1921 年间报刊杂志上所发表的近 50 篇国语教育文章汇编为《国语问题讨论集》，依照国语国音、国语文法、国语教材、国语教学以及国语统一五个专题分类编排，较为全面地反映了当时众多著名学者为使白话文真正落地生根，各抒己见，进行激烈争论而逐渐取得共识的情况，成为一份具有较高史料价值的实录。

《国语问题讨论集》

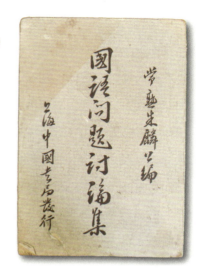

读音统一大会 80 人名单
（来源《国语运动史纲》）

从这份实录中可以看出,国语国音是当时争论最为激烈的问题。

1913 年召开的"读音统一会", 通过投票方式初次确定了法定
读音即"国音"。这时所确定的"国音", 并没有以某种现有方言为
基准, 而是以各地代表一人一票、投票选定的一种"混合音", 南方
方言中独有的入声、尖团音等均包含在这套"国音"系统中, 它实际
上是一种由各地方言杂糅而成的混合音系统。既然实际上并不存在以
这种"国音"为母语的人群, 这一"国音"系统也就没有得到实际运用。

1918 年，教育部公布了 1913 年审定的"国音"以及标注这种"国音"的注音字母；1920 年，教育部下令，改小学"国文"课为"国语"课，规定小学一二年级必须教授注音字母与"国音"，"国语"课内容不再是原先的文言文，而改为语体文。因为 1913 年审定的"国音"系统自身的不完善，在教学与普及过程中，带来许多混乱，以至许多教师和学生只能用方言或"土音"来朗读语体文。这就引发了"京音"与"国音"的激烈争论。论争首先由南京高等师范英文科主任张士一挑起，他发表在《时事新报》副刊《学灯》上的《国语统一问题》，批评了到此为止的国语统一思路和方案，认为"以国音读语体文"的国语统一方法是错误和违反语言学规律的，

《国语统一问题》

《校改国音字典》

应该先从口语统一入手，统一口语的方式，不应采取混杂语的方式，适合作为"国语"推广标准的，就是"受过中等教育的北京本地人的口语"。与张士一相对立，陆基、黎锦熙等人则认为，流行面最广的"官话"，在某种程度上构成了国家内部不同方言区之间沟通交流的工具，已经具有了国语基础标准的资格。争论的最终结果，是大家同意根据"北京音系"制定"新国音"。1921年6月出版《教育部公布校改国音字典》，国音标准正式颁行全国。

关于国语文法、国语教材、国语教学以及国语统一等问题的讨论，都足以表明，白话文真正落实与普及，是一项异常宏大的系统工程。所有这些问题的解决，都需要立足中国语言、文字和中国文化的实际，以非常严谨的科学态度，不断探索，不断总结，通过自由争鸣，实践，认识，再实践，再认识，持续不断地加以努力。

《国语问题讨论集》的编者朱麟公，江苏常熟人，生平不详，只知他除去编选了这部"讨论集"外，还于1922年出版了《新式言文贯通法》（上海广益书局），1923年出版了《言文对照古文精华》四卷（上海广益书局），1924年与沈味之一道编了《初等作文修辞法》上、下册，1933年出版言文对照《评注古文观止》（学海书局），1935年与汪馥泉以"光华大学中国语文学会"名义出版《中国语文学研究》（中华书局），是知他有相当好的古文基础，也有相当好的白话文修养，所以，《国语问题讨论集》的编选具有相当高的水准。

至于郭沫若的《女神》一书，评论者已经无法计数，这里根本不需要做专门介绍。这部诗集，收录作者从1919年到1921年之间的主要诗作，连同序诗共57篇，多为诗人留学日本时所作。这些诗篇完全冲破了传统五言七言诗体、词谱曲谱的束缚，不拘格律，不拘平仄，不拘长短，诗节、诗行长短无定，韵律无固定格式，创造了一种雄浑奔放的自由诗体。其中代表诗篇有《凤凰涅槃》《女神之再生》《炉中煤》《日出》《笔立山头展望》《地球，我的母亲！》《天狗》《晨安》《立在地球边上放号》等，成为新诗革命先行和纪念碑

郭沫若

《女神》

式作品。将这部作品编入《典藏1921》，我还想突出补充说明一下《女神》一书在新文化运动的白话文运动中的地位。

新文化运动产生的第一部白话诗集是 1920 年出版的胡适的《尝试集》，郭沫若的《女神》被评价为"对汉语新诗诗意生成的语言逻辑结构'影响'最大的诗集"。由于诗歌这一文学体裁具有一系列独特的要求，从《诗经》《离骚》开始，诗词曲赋，都追求运用自然、生动、优美而又十分精炼、精准、凝练的语言文字，描绘情景，抒发感情，表达思想，藉由赋、比、兴，奉之以美，动之以情，喻之以理，会之以心，成为中国语言文字中的精华、精粹。读者对诗词曲赋的审美、共鸣、理解与认同，经常离不开立意、境界、格律、体裁等久已养成的习惯。无韵、无格律、无诗体的白话诗，如何继

承和发扬中国传统语言文字所固有的诗性与审美属性，这是一个异常艰难的历史性课题，说实在话，胡适的《尝试集》没有完成，郭沫若的《女神》也同样没有完成。白话文运动要真正稳固地占领这一领域，确实还有待时日。

太平洋会议：中国国民外交的先声

　　《典藏 1921》所选录的第六部著作是《太平洋会议与中美俄同盟》，作者陈震异，时为北京中国大学法科教授，原日本早稻田大学政学士。该书 1921 年 9 月由北京大学新知书社出版印行。

　　太平洋会议，即 1921 年 11 月至 1922 年 2 月举行的华盛顿会议，这是由欧美列强为调整海军力量对比和重新划分远东、太平洋地区势力范围而倡议召开的国际会议，或称"九国会议"。参加国有美国、英国、日本、法国、意大利、比利时、荷兰、葡萄牙和中国。

《太平洋会议与中美俄同盟》

　　1921年7月12日，美国驻华代办芮德克根据国务院指示非正式探询中国对会议的态度。7月18日，北京政府外交总长颜惠庆答复芮德克，表明"乐愿参与"。8月11日，美国总统哈定正式向英、法、日、中等8国发出邀请。8月16日，北京政府外交部正式接受邀请，此前8月11日，外交部已经成立太平洋会议筹备处，专办有关中国参加太平洋会议的若干筹备事宜。据8月23日公布的《太平洋会议筹备处章程》的规定，该处由外交总长专任筹备事宜，该处的职权是：草议、审查、翻译和征求各机关提案说帖；与各报馆接洽关于太平洋会议事项；赴会代表团的组织事项；汇集带赴会议各项提案材料。陈震异此书即写于此时，所以，他在书末特别注明"民国十年八月二十六日午后四时半脱稿", 明显这是为了给北洋政府提供一项建议。

华盛顿会议其实是 1919 年巴黎和会的延伸和继续。在席卷全国的轰轰烈烈的"五四"爱国运动的巨大压力下, 北洋政府代表拒绝在《凡尔赛和约》上签字, 山东问题等等也因此悬而未决。华盛顿会议将要举行的消息, 引发中国各界密切关注, 被普遍视为这是遏制日本霸权的一个大好机会。由于有了"五四"运动的成功经验, 一场规模宏大的国民外交运动蓬蓬勃勃在北京、上海及其他地方迅速开展起来。

北京最先行动。7 月 21 日, 北京总商会、教育会、学生联合会等团体率先召开联席会议, 成立了太平洋问题研究委员会, 要求政府公开外交, 接受民间关于太平洋问题的意见。8 月 16 日, 蒋梦麟、马叙伦、王世杰、燕树棠等北京国立八校教职员联合会成立了太平洋问题研究会, 致力于从学术方面研究太平洋问题, 及发表关于太平洋

华盛顿会议中国全权代表: 顾维钧、
施肇基、王宠惠 (自左到右)

各问题之意见。一时间，太平洋问题讨论会、太平洋问题商榷会、太平洋会议中国后援同志会等五六十个团体纷纷成立。9月20日，这些团体举行联席会议，成立北京各团体国民外交联合会，并决定发起全国国民外交联合大会。上海这期间也成立了太平洋会议协会、太平洋外交商榷会等一批团体。上海太平洋商榷会系由52团体共同组成。11月11日，来自北京、上海以及山东、四川、江苏、浙江、湖北、福建、陕西、吉林、黑龙江等十七省三百余名代表在上海举行全国国民外交大会，代表各地商会、教育会、学生会、农会、工会及为太平洋会议成立的专门团体。大会要求取消1915年5月25日之中日条约及换文，无条件地将青岛及一切属于该地之权利、胶济铁路管理权交还中国，列强未经中国同意所订关于中国之一切条约，均作无效。

除了组织国民外交团体、广造舆论外，各地团体还派遣国民外交代表赴美，就近向中国政府代表团提出建议，监督中国政府代表团的活动，接触其他国家参加华盛顿会议的代表，表达中国人民的意愿和诉求，使国民外交运动对会议的进程产生更为直接的影响。

陈震异的《太平洋会议与中美俄同盟》，可以说是一份急就章，但也可称得上发了这场国民外交运动的先声。为了对抗日英同盟，他提出建立中美俄同盟的构想。他认为，中俄两国，地大物博，而且正在纷乱之中，最容易受到那些侵略他人的国家尤其是日本的蹂躏。如果中俄一致联合，攻守同盟，用以对抗同一的敌人，那就不怕他作威作福了。美国为对抗日英同盟这一新的神圣同盟，也可藉中俄以壮声势。为此，他主张必须劝诱美国邀请俄国参加华盛顿会议，还建议修筑亚美联络铁路，作为中美俄三国同盟的连锁。

陈震异所提出的建立中美俄同盟以对抗日本图谋称霸东亚的构想，似乎是异想天开，当时，谁也没有预料到二十年后这一构想竟然一度变成现实。1937年3月，毛泽东在会见史沫特莱时就说过："我们主张中、英、美、法、苏建立太平洋联合战线，否则有被敌人各个击破的危险。"在击破日本军国主义的斗争中，这一联合战线发挥了非常重要的作用。这就表明，在国民外交运动中，同样需要一些宏大的、长远的战略思维，尽管这些构想还很粗糙，还很不成熟，仍然值得我们关注。

《银行论》

《提倡国货论》

　　陈震异曾担任立法院编译主任。还译述有日本堀江归一所著的《银行论》，由马寅初作序，商务印书馆 1923 年 4 月出版；撰写有《警捐与市政》，1924 年自行出版；撰写有《提倡国货论》，上海太平洋书店 1927 年 4 月出版；撰写有《二五附税与财政计划》，民大印刷部 1927 年出版；撰写有《选举之理论与实际》，南京书店 1933 年出版。

图书在版编目（CIP）数据

典藏1921：全六册 / 姜义华主编 . -- 上海：上海
书店出版社,2021.3
（百年典藏）
ISBN 978-7-5458-2012-6

Ⅰ . ①典… Ⅱ . ①姜… Ⅲ . ①文化理论 – 文集 Ⅳ .
① G0-53

中国版本图书馆 CIP 数据核字（2021）第 032691 号

策　　划 黄显功　孙　瑜
责任编辑 邓小娇
营销编辑 张　冉　国严心
封面设计 郦书径

典藏1921（全六册）
姜义华　主编

出　　版　上海书店出版社
　　　　　（200001　上海福建中路193号）
发　　行　上海人民出版社发行中心
印　　刷　江阴市机关印刷服务有限公司
开　　本　889×1194　1/32
印　　张　47.5
字　　数　720.000千字
版　　次　2021年3月第1版
印　　次　2021年3月第1次印刷
ISBN 978-7-5458-2012-6/G・168
定　　价　480.00元